AF359914

MARIE BASHKIRTSEFF

L'ŒUVRE D'EUGÈNE DELACROIX

LE SALON DE 1885

SUITE D'ARTICLES
PARUS DANS LA REVUE GÉNÉRALE
LES 15 MARS, 1ᵉʳ AVRIL, 15 MAI,
1ᵉʳ ET 15 JUIN 1885

MARIE BASHKIRTSEFF

L'ŒUVRE D'EUGÈNE DELACROIX

LE SALON DE 1885

PAR

Henri QUET

PARIS

IMPRIMERIE DE MADAME Vᵉ TREMBLAY

RUE DE L'ÉPERON, 5

1885

MARIE BASHKIRTSEFF

Malgré la valeur réelle et les tendances louables de quelques-uns des ouvrages soumis au jugement du public par l'*Union des femmes peintres et sculpteurs*, le principal mérite de l'exposition ouverte pendant le mois de février 1885 au Palais de l'Industrie a été et sera toujours pour nous d'avoir fait connaître *en son entier* le génie considérable d'une artiste enlevée avant l'âge, et dont le nom doit passer à la postérité, Mlle Marie Bashkirtseff.

Au milieu de toutes les œuvres exposées, et par une sorte de contraste bien douloureux, la seule personnalité qui fût vraiment vivante était celle d'une pauvre morte; et l'on pouvait se dire, à l'aspect de l'ensemble complet de ses travaux, où vibrait une force intense, où brillait une flamme lumineuse et brûlante, on pouvait se dire, avec un serrement de cœur, que cette force était brisée à jamais, que cette flamme était éteinte pour toujours!

Tout le monde a été profondément ému par la maladie foudroyante et la mort de cette jeune fille de vingt-trois ans, ravie subitement à sa mère qui l'adorait et ne vivait que pour elle. Tout le monde a su quel brillant avenir cette charmante créature avait le droit de rêver, et quel magnifique destin lui semblait assuré par trois gages de bonheur, le talent, la beauté et la fortune. Ce que l'on ne savait pas autant que maintenant, c'est qu'aux distractions toujours nouvelles, toujours attirantes de la vie mondaine, la jeune fille sérieuse et réfléchie avait préféré un travail opiniâtre, un labeur courageux et presque au-dessus de ses forces. On ignorait également que sa carrière si courte lui avait permis de révéler toutes les aspirations d'un noble et généreux caractère, tous les efforts d'un génie puissant, entré déjà en pleine possession de son talent.

En voyant le nombre considérable des études d'atelier, des esquisses et des tableaux, les uns commencés et non finis, les autres entièrement achevés, que cette artiste originale et inspirée a su exécuter en si peu de temps, on se demande et l'on peut à peine calculer ce qu'elle aurait fait, et combien de chefs-d'œuvre elle aurait produits, si le privilège d'une vie plus longue lui avait été accordé.

Portée par son esprit aux observations profondes, aux études sérieuses, elle ne pensait qu'à poursuivre la vérité, et elle avait fui, dès le début, toutes les redites banales et la vulgarité des beautés conventionnelles. Frappée de l'intensité des impressions que produit sur nous, dans un tableau, l'apparence de la vie et de la réalité donnée aux personnages même les plus vulgaires, aux objets même les plus insignifiants, Marie Bashkirtseff voyait dans la sincérité la source de tous les sentiments, et, par conséquent, le premier but, sinon le seul, que l'art ait à atteindre.

Aussi personne mieux qu'elle n'a compris le talent de Millet et de Bastien-Lepage ; personne non plus n'eût mieux comblé le vide que la mort de ces maîtres a produit dans l'art contemporain.

Peu préoccupée des esthétiques surannées, aux préceptes symboliques et stériles à force d'être épurés, la jeune artiste trouvait dans la variété même du type humain, dans les reflets multiples des physionomies, dans la diversité des allures individuelles, les éléments d'un intérêt toujours vif et nouveau. C'est en suivant cette voie avec ardeur qu'elle a produit des œuvres si remarquables, et qu'elle n'eût pas mis longtemps, on peut l'affirmer, à devenir chef d'école.

Ses qualités les plus complètes se montrent dans ses deux tableaux intitulés : *Un Meeting*, et *Jean et Jacques*. On les trouve également dans le portrait de Mlle *X*... Le sourire si prompt à naître sur les lèvres de cette jeune femme est rendu avec une exquise habileté, et la ressemblance avec le modèle est frappante. — Le *Meeting*, qui a été acquis par l'Etat, est une toile d'une observation et d'une réalité saisissantes. Quelques gamins sont réunis près d'une clôture en planches ; le plus grand d'entre eux confectionne comme une sorte d'arc qui sera terrible pour tous les chats du voisinage. L'attention du groupe est concentrée sur cet enviable objet et sur son heureux possesseur. Ces physionomies d'enfants des faubourgs pris sur le vif au milieu de leurs amusements, ces attitudes naturelles et expressives, ces têtes si caractéristiques et si vraies que l'on croit les avoir vues, tout cela est rendu avec une perfection qui ne saurait être surpassée. — Et *Jean et Jacques* ! la vérité n'est-elle pas surprenante dans le maintien et l'allure de ces deux enfants ? L'aîné, grave, assuré dans sa démarche, une feuille d'arbre entre les lèvres, va en avant, l'œil fixe et grand ouvert, avec l'air sérieux d'un garçon rangé ; ne vous y trompez pas : son vêtement un peu défait et sa cravate rejetée en arrière indiquent qu'il ne perd pas sa place au jeu et sera tout à l'heure aussi turbulent qu'un autre. Son petit frère, qu'il conduit par la main, paraît peu pressé de le suivre et d'emboîter le pas : il semble se demander pourquoi il faut toujours aller à l'école.

Le *Paysage d'automne* est encore une toile d'un mérite hors ligne. Là, comme dans les autres, Marie Bashkirtseff se montre une interprète accomplie de la nature. Que de mélancolie dans cette lumière affaiblie, reparaissant au milieu des brumes matinales pour éclairer les arbres déjà dépouillés de leurs feuilles et le sol détrempé d'une longue avenue en bordure auprès de la Seine ! L'effet poétique est obtenu sans effort, et la seule puissance de la simple réalité nous émeut de suite et nous charme divinement.

Quelle exécution sûre et spirituelle ! Quelle ingénieuse observation dans ces trois têtes d'enfant, de fillette et de jeune fille qui représentent les *Trois Rires !* Là, comme presque toujours, Mlle Bashkirtseff a choisi pour modèles ceux qui, déshérités de toute beauté et de toute distinction, possèdent cependant une physionomie bien vive et bien caractérisée. C'est un fait curieux à remarquer : patricienne, elle peignait de préférence l'enfant des rues ; riche, jolie, éblouissante, elle fuyait la féerie continuelle dans laquelle elle eût pu vivre, pour surprendre la nature dans sa libre expansion, dans toutes ses réalités même les plus mornes, et pour rendre l'expression saisissante et parfois douloureuse de la misère et de la dégénérescence physiques.

Trouver la poésie même des choses, sans vouloir y rien ajouter d'elle-même, tel était son unique but, à elle, la créature idéale. N'y a-t-il pas là comme une âpreté particulière de tempérament, provenant de son origine slave, ou bien pressentiment d'une fin prochaine et dédain des fictions d'ici-bas?

Il est certain que le génie de Marie Bashkirtseff était arrivé à un complet développement, et ses œuvres principales sont de celles qu'un musée de Paris devrait recueillir, afin de faire vivre à jamais le nom de cette noble jeune fille qui est morte pour l'art auquel elle s'était vouée. Il y aurait là, en même temps, acte de justice et encouragement pour tous les jeunes talents à leur début, qui hésitent souvent, de peur de faire fausse route, à suivre leurs convictions les plus intimes et leurs aptitudes personnelles.

L'ŒUVRE D'EUGÈNE DELACROIX

Éblouissante comme la peinture de ce maître, la gloire d'Eugène Delacroix resplendit d'un éclat immortel. Nul autre nom que le sien, nul autre nom de poète ou d'artiste ne sera de préférence prononcé par la postérité, lorsque celle-ci voudra personnifier dans un homme toute la puissance et tout l'essor du génie esthétique de ce siècle. On ne saurait, en effet, trouver d'œuvre plus grandiose et plus complète que celle de Delacroix. Si l'on joint, par le souvenir, à l'exposition que nous pouvons contempler aux Beaux-Arts, tous les immenses travaux exécutés par le peintre à la Chambre, au Sénat, à l'ancien Hôtel-de-Ville, à la galerie d'Apollon, à Saint-Sulpice, et les toiles que possède le Musée du Louvre, et celles que détient l'étranger, on éprouve, en face d'un pareil talent, autant d'admiration pour son ampleur que pour sa variété. En même temps, l'on reconnaît que Delacroix s'est surtout consacré à la grande peinture, mais on constate avec enthousiasme, dans les innombrables toiles de moindres dimensions où il semblait se reposer d'œuvres plus considérables, une intensité de vie et d'expression extraordinaires, et cette puissance de conception qui fait d'un tableau restreint une large page, une vaste scène où tout s'agite, où tous les sentiments sont en jeu, devant laquelle enfin l'émotion nous saisit avec une force invincible et rapide.

Pour tous ceux qui n'avaient pas vu la réunion des œuvres de Delacroix à l'Exposition universelle de 1855 et à la vente faite après la mort du peintre, c'est aujourd'hui un véritable bonheur, et, il faut le dire, une source de jouissance profonde, que de pouvoir apprécier complètement la puissance d'un tel maître et d'être admis à contempler l'entière étendue de son génie.

Tempérament essentiellement dramatique, il choisit toujours des sujets qui nous captivent et influent directement sur notre esprit, nos sens et notre imagination. Les formes les plus variées, les coloris les plus délicats, les plus nuancés, vifs presque toujours, sombres à l'occasion, l'atmosphère la plus ambrée, la plus transparente, un intérêt palpitant, historique ou épisodique, pris dans la poésie ou emprunté à la vie réelle, tels sont les éléments de sa peinture qui nous charme et nous entraîne, nous saisit et nous pénètre avec autant de force que la large et puissante harmonie de Beethoven et les accents pathétiques et suaves de Mozart. Tout concourt à faire naître dans l'âme du spectateur une impression profonde : les personnages vivent, leur geste est précis, leur attitude exacte, d'une justesse irréprochable, conforme au mobile de l'action, et quelle que soit la scène représentée, rien n'apparaît de pompeux, de forcé, de théâtral ; tout est naturel, tout indique la réalité.

Emporté par l'ardeur de l'exécution et la hâte d'amener l'œuvre commencée jusqu'au point nécessaire pour juger de l'effet, Delacroix ne s'arrête pas toujours aux détails minutieux. La vivacité de son tempérament semble l'écarter de l'analyse, qui ne procède que par lenteur ; mais, pour un esprit comme le sien, les retards et les recherches ne sont pas nécessaires ; il voit tout d'un coup d'œil, le fond comme la surface : on serait souverainement injuste envers lui si on l'accusait de tout interpréter suivant la pure fantaisie de son imagination.

Mais il pensait, et cette manière de voir doit effrayer encore bien des copistes serviles, que le peintre peut gagner quelquefois à laisser de côté le modèle, et qu'il est bon de se contenter souvent d'études faites à l'avance en vue du tableau.

— « L'important, disait-il, n'est pas tant le fini d'un pied ou d'une main que l'expression d'une figure par le mouvement. Et puis cela ne peut se faire qu'à l'aide d'un modèle qui ne vous donne presque jamais ce qui vous conviendrait. Une main ! mais une main doit parler comme un visage ! »

Venu en pleine période de rénovation littéraire, chercheur et initiateur lui-même dans son art, l'épithète de romantique lui a été de suite appliquée. Il ne l'acceptait pas, d'ailleurs, et se refusait à croire que ces classifications, en vogue alors, bonnes peut-être pour les littérateurs, et du reste inventées par eux, fussent applicables à la peinture. Ce qu'il entendait avant tout, c'était demeurer libre et ne relever d'aucune école. Conditions indispensables pour un effort tel que le sien. Tout était à refaire, en effet, dans cet art si bien engagé dans la fausse route, sous l'impulsion de David, qu'il ne parvenait plus à soulever ni l'intérêt, ni l'émotion, par suite de la froideur trop apparente de ses compositions factices. Certes, ce n'était pas la question de forme, mais l'art lui-même qui était en jeu. Le peintre est libre d'agir à sa guise ; il a le droit de mettre des marbres dans la verdure, sans craindre d'être accusé d'archaïsme banal. Les gloires de l'école française, les Poussin, les Le Sueur, sont-ils des classiques pour avoir fait tant de Grecs et de Romains? Rangerons-nous parmi les défauts classiques l'exubérance fastueuse de Lebrun, la recherche élégante de Mignard, le génie libre de Watteau, l'amabilité de Boucher, la grâce de Prud'hon, et les qualités diverses de tant d'autres peintres ? Si la mythologie et l'histoire sainte font le classique, tandis que les récits du moyen âge et la fantaisie moderne constituent le romantique, — ce qui est en somme le fond du débat, — gardons cela pour les littérateurs, s'ils y tiennent, mais n'allons pas dire d'un peintre qu'il est romantique parce qu'il s'est avisé d'aller au Maroc et d'en représenter les habitants. Les descendants de Mahomet n'ont guère changé leurs mœurs ni modifié la forme de leurs costumes depuis le Prophète. Nous voyons, dans son portrait peint par Delacroix, le sultan Muley-Abd-el-Rhaman, monté sur un noble coursier, s'avançant gravement hors de son palais, au milieu de ses courtisans et de ses troupes. Ne pouvons-nous pas nous imaginer que nous contemplons un autre sultan du Maroc, ce fameux Muley-Ismaïl, qui, ayant entendu vanter la beauté sans rivale de la princesse de Conti, fille de Louis XIV et de Mme de La Vallière, envoya une ambassade au sultan des Français pour lui demander la main de cette adorable personne ?

Delacroix avait au degré le plus élevé l'intuition de la nature. Il reconstituait intellectuellement une scène telle qu'elle avait dû se passer. Les conceptions les plus exactes se développaient spontanément dans son âme inspirée, et la vérité saisissante de ses compositions émanait directement de lui-même. Pour cette organisation d'élite, les sujets poétiques étaient ceux qui devaient présenter le plus d'attraits.

Avec la froideur des procédés en usage au commencement du siècle, les allégories les plus gracieuses de l'art païen, les pages les plus dramatiques de l'histoire grecque ou romaine étaient devenues complètement ternes et décolorées. Comment se condamner à refaire toujours — *le Déluge* ou *Léonidas aux Thermopyles?* — L'émotion ne régnait plus là-dedans. Delacroix fut donc porté à répudier les sujets légués par ses devanciers ou traités par ses contemporains. Seuls, Gros avec ses peintures de batailles, Géricault avec son *Naufrage de la Méduse*, pouvaient exciter son émulation. Dans les œuvres de Dante, de Shakespeare, de Gœthe, de Byron, de Walter Scott, de Chateaubriand, il se trouvait ramené avec force au milieu même des énergies et des affections humaines. Il y voyait aussi cette infinie variété de sujets qui devait lui donner l'occasion de déployer sans cesse de nouvelles ressources, de vaincre de nouvelles difficultés. C'est alors qu'il peint *le Massacre de l'évêque de Liège, Lady Macbeth, Desdémone, le Souper de Don Juan, les Natchez, la Barque du Dante*, et recueille dans les mêmes œuvres cent autres scènes que son pinceau reproduira plus tard : *la Fiancée d'Abydos, la Mort d'Ophélie, Hamlet et les Fossoyeurs, Marguerite à l'église, le Duel de Valentin et de Faust, les Adieux de Roméo et Juliette, les Sorcières de Macbeth, Ivanhoë et Rébecca*, pour n'en citer que quelques-unes.

La peinture religieuse elle-même est abordée par lui avec les sentiments émus des grands maîtres du xvie siècle. *Le Christ au jardin des Oliviers, la Pietà*, les petites toiles où il représente *le Crucifiement*, toutes ces œuvres contiennent l'expression la plus poignante de la douleur et de la désolation.

Le moyen âge, avec ses aventures chevaleresques, ses tueries sanglantes et ses croisades, le séduit par l'attrait mystérieux d'une époque mal étudiée jusque-là et à peine encore révélée. Il en met à profit toutes les beautés pittoresques qu'il devine et rétablit par une merveilleuse intuition, et produit ces toiles splendides : *la Mort de Charles le Téméraire*, *le Roi Jean à la bataille de Poitiers*, *le Pont de Taillebourg*, *la Bataille de Nancy*, et par-dessus tout *l'Entrée des Croisés à Constantinople*. Ce dernier tableau, un de ses chefs-d'œuvre, est la plus belle conception qui se puisse imaginer d'une armée triomphante parcourant la ville conquise, de ces guerriers orgueilleux et à demi barbares, maîtres d'une cité pleine de luxe et de trésors. Et quelle page éclatante et mouvementée : dans le fond, le panorama de Constantinople, les dômes et les tours surgissant au milieu des maisons, le dédale des rues, le Bosphore calme et resplendissant ; au premier plan, Baudouin, suivi de ses cavaliers et entouré de femmes et de vieillards implorant sa clémence. Le soleil d'Orient répand ses rayons dorés sur toute la scène, et éclaire d'une lumière joyeuse l'incendie et le pillage des palais, le meurtre et l'outrage des vaincus. Aucun tableau ne saurait captiver davantage les yeux et la pensée.

Delacroix est déjà passé maître dans l'emploi des tons les plus éblouissants et les plus variés. Il les groupe avec habileté et les soutient par d'heureux contrastes, obtenant ainsi la plus agréable harmonie. Il avait d'ailleurs trouvé d'instinct l'une des principales règles de l'association des couleurs, lorsque, répudiant les ombres noires et bitumineuses, d'un emploi général, et dont Géricault lui-même usait encore dans son *Naufrage de la Méduse*, il opposait au rouge vif un brun assombri légèrement verdâtre, au jaune éclatant un violet adouci. M. Chevreul démontrait plus tard, dans des expériences remarquables, comment

« deux couleurs complémentaires, placées l'une près de l'autre, s'avivent par le seul fait de leur proximité. » Quelle ne fut pas la satisfaction de Delacroix lorsqu'il apprit, à cette époque, combien les théories scientifiques confirmaient la justesse de son procédé d'artiste !

Guidé dans ses débuts par son admiration pour Véronèse et Rubens, épris également du coloris pur et frais de l'école anglaise, il rivalise pour l'éclat de la peinture avec Bonington, qui demeure son camarade pendant quelque temps. Fixé sur le jeu des colorations, il excède à un moment donné ses propres règles, par un entraînement bien naturel et dont il a expliqué la raison, et peint *la Mort de Sardanapale*, cet immense tableau qui souleva tant de critiques. A la même époque, il exécuta *le Combat du Giaour*, une toile de dimension restreinte, mais des plus intéressantes par l'énergie pittoresque de l'expression et par l'éclat et la transparence de la couleur. Il déploie dans ce tableau une virtuosité rarement atteinte par les plus grands coloristes, virtuosité dont il fera preuve encore plus tard, dans le même sujet, représenté avec de nombreux changements sous cette désignation, *le Giaour et le Pacha*.

C'est entré ainsi en pleine possession de son talent et avec une pareille entente du rôle et de l'importance de la couleur, que Delacroix entreprit en 1832 son voyage en Afrique. La splendeur du climat, la beauté et la puissance des tons avivés par une lumière chaude et rayonnante, devaient le séduire en le confirmant dans la voie qu'il avait découverte, en lui rendant en même temps plus sûr et plus facile l'emploi des moyens qu'il avait créés. Que de souvenirs charmants il rapporte de son voyage ! Que de nobles pages son inspiration heureusement excitée lui fait produire ! Rappelez-vous *les Femmes d'Alger dans leur intérieur*, *la Noce Juive*, *les Arabes à Méquinez*, *les*

Chanteurs ou bouffons arabes, les Convulsionnaires de Tanger ; autant de chefs-d'œuvre.

La force de son génie n'a jamais faibli. Le merveilleux tableau du *Massacre de Scio*, si magistralement composé, qui défie les plus belles toiles du Louvre et écrase les froides compositions de l'école de David, représente d'une façon complète le splendide ensemble que pouvait produire une exécution vigoureuse et savante, jointe à un élan pathétique puissant et profondément communicatif.

On a peine à concevoir qu'un peintre si grand par tous les moyens qu'il emploie ait pu être en butte aux critiques les plus acharnées. Il n'était crime qu'on ne lui reprochât sous le rapport du dessin. Chez Delacroix, la pensée était prodigieusement rapide, et l'on n'admettait pas que la main allât quelquefois moins vite que la pensée. Il n'était pas homme à inventorier et à décrire minutieusement tous les détails des objets. La vie, le mouvement, l'attitude, l'allure, voilà ce qu'il cherchait, et son dessin était généralisateur par excellence. Tous ses croquis ont ce caractère et montrent bien sa principale préoccupation. Pourtant, s'il le voulait, il devenait analyste émérite. Bien des études de lui sont très finies, et il a mis souvent le soin le plus délicat, la minutie la plus exquise à peindre des fleurs et des natures mortes. Avec quelle recherche, avec quel amour il caresse de son pinceau la robe chatoyante des chevaux, la crinière et le pelage fauve des lions !

D'ailleurs, à la longue, on lui rendit justice. Il put, avant sa mort, goûter quelques années de gloire. Ingres, lui-même, un jour interrogé par un de ses élèves sur ce qu'il pensait de Delacroix, répondait : « C'est un homme de génie, mais n'en parlez pas. » Tout le monde pense comme Ingres, et voilà longtemps ; or, l'honneur de l'école française l'exige, il faut proclamer bien haut ce que tout le monde pense.

Ne terminons pas sans contempler encore une fois cette vie de labeur et cette santé si délicate, cette œuvre immense et ces mécomptes continuels; regardons venir cette tardive justice : le spectacle est saisissant ; maintenant, l'admiration et le culte s'imposent pour le créateur de tant de chefs-d'œuvre, pour l'homme doué de cette excessive et géniale impressionnabilité qui fait du corps une prison.

LE SALON DE 1885

I

Comme nous l'avions prévu l'an passé, aucun essor nouveau n'était à attendre de la Société des artistes français. Cette corporation doit surtout sa force au nombre de ses membres, et elle admet facilement dans son sein une foule de gens portés trop vite à se considérer comme des maîtres ès arts, lorsqu'ils ne sont en réalité, les trois quarts du temps, que de simples ouvriers, quelquefois même des apprentis.

Le Salon de 1885 contient donc, ainsi que les Salons précédents, une multitude d'œuvres sans intérêt. Cependant les toiles absolument mauvaises sont assez rares, et on peut constater qu'aujourd'hui le talent de la plupart de nos peintres atteint une moyenne satisfaisante. Il n'y aurait qu'à se louer de cela, si quelques œuvres se séparaient des autres par une supériorité marquée, par une élévation sensible de caractère, par le véritable prestige des grandes choses.

Mais, nous avons le regret de le dire, le Salon de cette année ne nous donne pas l'agréable surprise que nous aurions éprouvée en pareille circonstance. Il est même inférieur, à ce point de vue, au Salon de l'année dernière, où les importantes compositions de MM. Bouguereau, Puvis de Chavannes, Cormon et L. Flameng, ainsi que l'aimable et frais tableau de M. R. Collin, nous faisaient, dès l'entrée, ressentir une impression favorable.

Il y a, au contraire, comme une note terne, une demi-teinte grise monotone dans toutes les toiles qui couvrent les parois de la première salle ; dès le début, rien de saillant ni de remarquable ne se révèle, et l'on éprouve comme une sorte de désappointement : l'ampleur de l'enceinte semble devoir réserver quelque grandiose spectacle ; on s'attendait presque à l'effet produit par le merveilleux salon carré du Louvre, où la couleur est tout d'abord en fête pour les yeux, où le dessin et la composition viennent ensuite satisfaire et récréer l'esprit ; au lieu de cela, on croit entrer dans un magasin de décors, aux tons poussiéreux et pâlis.

J'exagère peut-être, mais la déception est réelle. J'ajoute que si le sentiment produit par l'ensemble est fâcheux, beaucoup de tableaux, en particulier ceux de moindre dimension, ont un aspect assez agréable. On y trouve avec plaisir des tons frais et naturels. Il est certain d'ailleurs que l'éclairage des salles et du premier salon surtout est défectueux. Nul doute que le faux jour obtenu par plusieurs voiles interceptant beaucoup trop la lumière vive et franche qui viendrait du ciel, ne fasse plus de tort que de bien aux œuvres exposées.

Toujours est-il qu'un amateur de couleur et de clair-obscur ne rencontre pas au Salon de cette année de nombreux sujets de satisfaction. Il se trouve comme une âme en peine dans toutes ces salles dépourvues de ce qui pourrait le séduire. M. Bouguereau est bien gracieux, comme toujours, mais bien pâle ; M. Roll est bien robuste, mais bien froid ; MM. Béroud, Rochegrosse et Prouvé, dissipent un peu les inquiétudes de notre amateur sur l'avenir de la couleur, et c'est fort nécessaire, car MM. Carolus Duran et Benjamin Constant, qui connaissent si bien, l'un, la puissance et la richesse des tons, l'autre, l'effet heureux de la lumière et des ombres, ne se sont pas montrés cette année à la hauteur habituelle de leur rôle.

Après avoir parcouru toutes les salles, on ne revient pas sur cette première idée que si le Salon renferme des œuvres en général bonnes, nulle d'entre elles ne se distingue par des mérites exceptionnels. Il y a d'ailleurs un tel pêle-mêle de toutes les écoles, que l'on aurait de la peine à prononcer un jugement bien net sur les tendances de la peinture moderne.

Certaines personnes ont cru constater que les sujets puisés dans les mœurs et dans les événements actuels tentaient plus qu'autrefois nos peintres. Ce désir de réaliser le caractère de notre époque, de reproduire uniquement des choses vues et ressenties par nous tous, serait, à entendre de tels prophètes, d'un excellent indice pour apprécier la situation morale et matérielle de l'art. Il faudrait y voir l'apparition d'une école nouvelle, pleine de promesses, appelée à nous donner avec le temps des œuvres particulièrement fortes, originales et intéressantes. Pour mon compte, je ne crois pas à la réalité de cette découverte, pas plus qu'à son importance. Il est facile de s'apercevoir que les peintres modernes continuent à traiter tous les sujets, anciens ou nouveaux, sans préférence marquée. Parmi les grandes toiles, sauf celles de MM. Roll, Gilbert et autres, la plupart représentent des scènes tout bonnement historiques, bibliques ou mythologiques, ni plus ni moins que par le passé : M. Béroud nous montre un *Henri III*, M. Casanova, un *Philippe II*, M. Prouvé, un *Sardanapale ;* dans l'allégorie de M. Fritel, nous voyons figurer Vercingétorix et Jeanne d'Arc : les exemples pourraient être multipliés.

Donne-t-on moins dans la peinture religieuse que par le passé ? On le prétend, et on appuie ce dire de raisons empruntées aux événements ; ces raisons n'en sont pas, et n'ont jamais influé, nous le croyons, sur les artistes : n'avions-nous pas, l'année dernière, un *Christ* de M. Henner, un *Saint-François d'Assises* de M. Duez, une *Sainte-Claire* de M. Wagrez, et un *Saint-Vincent* de M. Dawant; et aujourd'hui ne trouvons-nous pas les deux *Adorations des Mages et des Bergers* de M. Bouguereau, et le *Martyre de Saint-Denis* de M. Bonnat.

En un mot, les sujets soi-disant *classiques* sont loin d'être épuisés. Cela est fort heureux, à notre avis : s'il est bon que le législateur se préoccupe avant tout de l'avenir matériel et moral de la nation, l'artiste, lui, historien et poète, ne saurait oublier le passé et négliger de reproduire le spectacle merveilleusement intéressant et instructif des illusions, des luttes et des œuvres de nos ancêtres.

Il fut un temps où l'allégorie, la mythologie, la religion et l'histoire inspiraient aux artistes des créations toujours nouvelles et toujours heureuses, et faisaient naître d'incomparables chefs-d'œuvre. Grâce aux sujets que l'on s'attachait à traiter, le nu, si difficile à reproduire, et qui nécessite des études longues et sérieuses, prenait sa véritable importance, et tout le monde, dès lors, ne pouvait se vanter d'être peintre ou sculpteur ; aujourd'hui, on croit être l'un et l'autre pour avoir su reproduire un bout d'étoffe dans un tableau, ou modeler quelque barbotine.

Non, il n'est pas vrai que les peintres se portent de pré-

férence aux sujets modernes. Seulement l'art a maintenant
ceci de remarquable qu'il est universel : il est affranchi
de toute loi, de toute mesure, de tout souci de méthode,
de tout lien intellectuel, de tout rapport philosophique et
moral, de toute affinité physique et répulsion de race.
C'est la tour de Babel, la confusion des langues.

Ce dernier fait n'est-il pas démontré par l'exposition
des œuvres de Menzel ?

Le Salon actuel est envahi de tous côtés par les petits
peintres, les amateurs et les étrangers. On y admet les
médiocres comme les forts, les nationaux et les exotiques.
L'incertitude des critériums personnels et la responsabi-
lité mal définie et non protégée du jury permettent à tous
de se faufiler dans le nombre des exposants.

Il y a là un laisser-aller véritable et une imprudence
extrême à tous les points de vue. Sans doute, il serait
excessif de se montrer trop rigoureux ; mais faire entrer au
Salon les œuvres de gens qui ne possèdent pas encore les
principes élémentaires de leur art, c'est leur donner un
encouragement démesuré qu'ils ne comprennent point, la
plupart du temps, et dont ils ne profitent pas. Il est vrai
que le remède semble être à côté du mal. Au milieu de tant
de rivaux, l'émulation surgit, pour le plus grand bien des
talents à venir. Non, il n'en est pas ainsi, croyons-nous,
et nous partageons, à ce point de vue, l'opinion si bien
exprimée par un de nos confrères, M. Bergerat : « ..... En
« art, on ne *compare* pas les productions entre elles, les
« producteurs entre eux, les écoles avec les écoles. L'ému-
« lation est un système de pédagogie à peine applicable à
« l'enfant et qui ne dompte que ses paresses. On n'est pas
« le premier en huile, le deuxième en aquarelle, et *ex*
« *æquo* en clair-obscur avec un septième en plein-air. »

Non, la concurrence en fait d'art est un argument de
peu de valeur, presque ridicule ; d'ailleurs, il est admis

depuis longtemps qu'il faut arriver au Salon, et c'est tout. C'est le seul triomphe ou du moins le principal qu'un peintre puisse remporter. Peu songent à une médaille ; c'est si difficile de l'obtenir, et il y a tant de gens qui peuvent y prétendre au même titre !

Entrer au Salon est donc un succès suffisant. C'est un brevet pour les médiocres, au moyen duquel ils pourront vendre une peinture destinée sans cela à leur rester pour compte. L'intérêt public permet-il de ménager ces intérêts privés qui ont évidemment certains côtés respectables ?

II

Ici on touche à une grave question ; maintenant, il n'est plus possible à un jeune homme d'aborder une profession libérale, s'il n'est possesseur d'une fortune qui lui permette à la rigueur de se croiser les bras. Ceux qui, dépourvus de patrimoine, mais riches d'idées et de convictions, embrassent la carrière artistique, n'ont qu'une bien faible mise à offrir pour un si bel enjeu. Les moyens d'arriver sont lents et pénibles. Se faire connaître est très difficile. Il faut donc que le Salon s'ouvre à ces affamés de pain et de célébrité. Les laisser dehors, ce serait leur causer un préjudice moral et matériel, les mettre dans une situation pénible à l'égard de la famille et des amis, les placer dans des conditions désavantageuses vis-à-vis de l'acheteur. Au surplus, les voilà admis exposants : leurs œuvres se nuisent toutes réciproquement par la confusion d'un ensemble susceptible d'ahurir les gens les plus calmes ; elles se déprécient mutuellement par l'absence de tout rapport d'origine morale et d'exécution matérielle ; presque toujours elles se tuent les unes les autres par la différence de grandeur ou de coloration.

Rendons au public et à la presse cette justice qu'ils

font bien ce qu'ils peuvent pour discerner le bon grain de l'ivraie et aider les talents de tout genre à sortir de l'obscurité. A aucune époque on ne s'était tant occupé des peintres : on publie leurs portraits partout, même de ceux qui ne brillent seulement qu'au deuxième ou au troisième rang ; on reproduit leurs œuvres par la plupart des procédés connus. Les critiques se font un devoir de parler de toutes les toiles sans en laisser pour ainsi dire une seule de côté. L'artiste qui ne pourrait montrer quelques lignes imprimées où il est question de son tableau, cet artiste-là est rare et se croit sans doute bien malheureux.

Les peintres savent se faire voir. Leur nombre en impose. Chaque famille, chaque groupe d'amis, chaque société possède un émule de Raphaël et de Rembrandt, et, pour cette raison, l'attention et la faveur du public sont naturellement tournées vers la peinture.

L'art devrait profiter d'un engouement pareil. Il n'en est pas ainsi. Pourquoi? C'est que les peintres forment une foule, et que la foule la plus compacte peut doubler, tripler et croître à l'infini sans qu'il en sorte un seul être parfait. Les flots de la mer sont les plus nombreux, ils ne sont pas les plus doux, et le ruisseau où on se désaltère a en réalité mille fois plus de valeur.

A la longue, quelques talents d'élite pourront surgir, si les artistes finissent par comprendre qu'ils doivent restreindre leurs rangs, et n'admettre au milieu d'eux que des valeurs attentivement reconnues. Au contraire, aujourd'hui, il y a des ateliers de plus en plus nombreux où tout le monde peut entrer, amateurs et étudiants. Là règnent des éléments factices et encombrants. Là on facilite l'éclosion des talents incomplets et des génies ratés. Il en provient une foule de peintres qui sans cela n'auraient jamais existé.

D'ailleurs, si le nombre des œuvres à écouler doit abais-

ser, un jour ou l'autre, le prix de la peinture, le mal se
corrigera par son propre excès. Les artistes n'auront plus
que la gloire à ambitionner et non la fortune. Ils seront
obligés de se résigner à une pauvreté qui sera leur plus
belle parure, mais que tous cependant n'affectionnent pas.
A part quelques grands seigneurs qui n'avaient pas toujours le temps de s'occuper des beaux-arts, ni d'argent
pour faire des folies, les peintres d'autrefois comptaient
peu de clients. Ils vivaient de quelques portraits et
avaient encore ce bonheur que la photographie n'existait
pas pour leur faire concurrence. En Hollande, en Belgique,
où les peintres ont été particulièrement nombreux, leur
existence se passait dans une honorable obscurité, et,
généralement, la simplicité de leur vie n'était pas moins
excessive que leur conscience à produire des tableaux d'un
fini extraordinaire.

De nos jours, les artistes deviendront pauvres pour avoir
voulu gagner trop d'argent.

La mine d'or est épuisée, car tout le monde s'est jeté
dessus. Aussi bien ce côté de la question ne nous inquiète
pas : les vrais artistes seront plus que jamais ceux qui
sauront dédaigner le bien-être et les richesses. Cependant
on peut remarquer l'imprudence commise par les artistes
eux-mêmes. Longtemps ils se sont moqués du *philistin ;*
maintenant le philistin les envahit et les supplante : il suffit
d'avoir été admis une fois au Salon pour faire partie de la
Société des artistes Français et élire ses juges. Cette facilité
crée au bourgeois, au rentier amateur des aspirations qui
lui étaient inconnues.

Il trouve que la peinture est chère, et se dit qu'il aurait
avantage à en faire lui-même. L'étranger tient depuis
longtemps le même raisonnement, et il profite de notre
hospitalité trop large et trop bénévole pour s'emparer du
secret de tous nos maîtres.

Le Salon s'ouvre aux étrangers avec autant de facilité qu'aux nationaux. Tous ces camarades de trans-frontières viennent dans nos ateliers prendre les leçons de nos peintres les plus renommés. Ils se distinguent, sinon par leurs aptitudes exceptionnelles, du moins par leur sociabilité, la retenue de leurs manières et de leur langage, par leurs goûts studieux et appliqués et leur obséquiosité presque religieuse à l'égard de leurs maîtres.

Au Salon, nous les retrouvons en cohorte serrée. Dans la première salle, la salle d'honneur, si vous voulez, ils sont près d'une vingtaine sur quatre-vingt-dix exposants.

Cette hospitalité est trop large. Elle peut faire le plus grand tort aux traditions nationales de l'art français. Paris est à nous, avant d'être aux autres. Nous l'avons fait, et ils ne tendent qu'à le défaire.

Il est agréable de savoir que l'on habite la ville la plus agréable du monde, mais il n'y a aucun motif d'en être fier, si on ne contribue pas soi-même à la rendre ainsi.

Enfin, y a-t-il gloire et profit à concentrer tout le mouvement artistique de l'étranger ? Eh bien ! je crains que cette gloire et ce profit ne soient bientôt rétrospectifs.

III

Telles sont les réflexions qui nous ont été inspirées par l'examen général des œuvres exposées. Le lecteur jugera si nous nous sommes laissé entraîner à des appréhensions pessimistes exagérées. Nous n'avons voulu parler jusqu'ici que de l'ensemble du Salon. A chaque tableau ou à chaque statue, prise en particulier, il est rare que l'on ne puisse reconnaître un certain nombre de qualités qui dissimulent ou excusent un certain nombre de défauts. Il manque souvent fort peu de chose aux œuvres pour être véritablement bonnes, et l'intérêt de la critique consiste à définir ce que l'artiste a oublié dans sa création. Enfin, bien des œuvres révèlent une telle conscience, un tel effort de travail, que cela seul constitue un mérite suffisant pour faire naître l'éloge. Lorsqu'il en est ainsi, plus les difficultés que l'artiste avait à vaincre étaient grandes, plus nos sentiments doivent devenir favorables à son égard.

.

Nous voudrions, en partant de ce principe, pouvoir louer sans restrictions le tableau de M. Bonnat, *le Martyre de saint Denis*, destiné au Panthéon. Mais cette composition est plutôt dessinée que peinte. Le procédé de pointillé adopté par M. Bonnat est gênant pour la vue ; il devient insupportable dans la partie architecturale et nuit également à la solidité des personnages. Le bourreau, bien bâti d'ailleurs, est un peu trop élégant ; ses pieds et ses mains sont fins et délicats. Le vieux magistrat, empêtré dans sa toge, fait avec ses bras un geste un peu télégraphique. Sa jambe droite est trop raide et semble un pieu caché sous une draperie. Saint Denis ramasse sa tête, dont la face est tournée vers lui ; s'il la remet sur ses épaules, il devra la faire pirouetter en sens contraire, pour ne pas avoir la figure dans le dos. Je ne sais si la légende donne des détails sur cette partie du miracle. L'ange sans ailes, ce qui est nouveau, est dans une position difficile, inouïe, d'un raccourci violenté, d'un mauvais effet, mais les corps des décapités sont fort bien projetés sur les marches, et leur aspect est réel et saisissant.

Quant à la scène en elle-même, elle fait pousser des cris d'horreur à toutes les jolies femmes. Pourtant, malgré son réalisme, ce n'est pas une scène de boucherie triviale, comme cela aurait pu arriver. M. Bonnat a, au contraire, atteint avec beaucoup d'ampleur et d'habileté un effet surnaturel et grandiose qui impressionne fortement, et il a ranimé l'ancienne légende avec tant de noblesse et de vigueur, que de trop faciles plaisanteries sont peut-être hors de saison.

Encore une grande toile tragique, celle de M. Benjamin Constant, *la Justice du Chérif*. Ici, la note est plus discrète, trop discrète peut-être, car on ne se sent pas suffisamment ému ; l'impression tarde à venir. Il n'y a pas assez de relief dans la peinture, et la touche est un peu superficielle, sommaire et décorative ; le coloris est suffisamment chaud et ambré, comme le comporte l'orientalisme de M. Benjamin Constant ; mais la lumière ne joue pas cette fois-ci le rôle qu'elle remplit d'habitude dans les tableaux de ce peintre. Elle manque de sa vigueur ordinaire. L'artiste a cru peut-être trouver un effet plus juste, et nous émouvoir davantage en dissimulant pour ainsi dire dans une clarté faible et indécise l'horrible scène de mort qu'il a voulu représenter. Il aurait dû alors donner moins d'importance au rayon lumineux qui pénètre par un des côtés du tableau. Le jeu des ombres nous a paru trop faible en proportion.

Les victimes gisent à terre, les unes étranglées, le lacet au cou, les autres poignardées. Quelques taches de sang, d'un sang un peu rose, ne rappelant en rien celui de *l'Exécution à Tanger*, souillent à peine les dalles de marbre blanc. Le bourreau voilé de noir a fait proprement sa besogne, et les malheureuses créatures n'ont pas songé à résister. Maintenant les gardiens et l'exécuteur sont là, accroupis ou assis, immobiles, muets, calmes et irresponsables, comme les agents inconscients d'une inexorable fatalité.

On le voit, le sujet choisi par M. Benjamin Constant n'était pas dépourvu d'intérêt dramatique. Le peintre l'a malheureusement traité avec une certaine mollesse. Cependant, il y a une grande correction de style dans son œuvre, qui peut être considérée comme une des plus remarquables du Salon.

Le talent calme et doux de M. Bouguereau arrive à propos pour nous remettre des deux toiles tragiques que nous venons de contempler. Comme toujours, les couleurs de ce maître ont des gammes tranquilles, qui chantent d'une façon harmonieuse et poétique, et ses compositions sont d'une exquise délicatesse. Sa peinture a des mérites incontestables, mais le genre de beauté qu'elle possède ne s'impose pas de vive force. Il faut, pour être sous le charme, suivre attentivement toutes les nuances d'un coloris plus frais que la rosée, apprécier lentement la perfection du dessin où la science rivalise avec la grâce. L'ensemble a trop d'élégance pour donner le sentiment de la réalité, et pas assez d'accent pour éveiller l'idée d'une conception décorative.

Les deux toiles qui représentent *l'Adoration des Mages et des Bergers* renferment toutes les qualités d'exécution reconnues à leur auteur, mais elles sont peut-être traitées, au point de vue pittoresque, avec une trop grande banalité. Les personnages n'ont pas de caractère. Il n'y a point de variété dans leurs types, dans leurs physionomies, ni même dans leurs costumes. Les « trois rois mages » ont des manteaux uniformément taillés dans le même brocart d'or pâli, et saint Joseph lui-même se drape dans une étoffe d'un jaune effacé.

Le peintre n'a pas mis en œuvre la plupart de ces mille détails de circonstance si prompts à commenter un événement et à le faire revivre. Les mages viennent du fond de l'Orient, guidés par une étoile, pour adorer Jésus. Or, nous voyons l'un d'eux tenir un encensoir gothique. En arrière un jeune homme apporte un vase grec. Enfin, nous cherchons en vain le nègre de la légende, ce bon nègre qui faisait notre joie et notre stupéfaction quand nous étions enfants.

Cependant, la composition est empreinte d'une poésie tendre et sérieuse tout à la fois. Les figures de la Vierge et de l'Enfant-Jésus sont remarquables. Il est impossible de rêver plus de grâce et de noblesse.

M. Bouguereau a encore une autre toile, et celle-ci nous paraît peinte avec plus de maëstria et plus de bonheur que *l'Adoration des Mages et des Bergers*. Une seule figure, cette fois, est en jeu, c'est une femme nue, une **Byblis**, changée en source, à la suite d'un cataclysme de larmes causé par des chagrins d'amour. Une demi-teinte d'une délicatesse infinie règne sur ce beau corps. La lumière se joue seulement sur les épaules, sur le cou et sur l'un des bras, pour en faire ressortir la forme pure et la blancheur nacrée.

D'une naïade à une autre, il peut y avoir quelques ressemblances. Moins sûrement peinte que la *Byblis* de M. Bouguereau, *la Cascade* de M. Mazerolle ne manque pas de mérite. C'est encore une de ces belles personnes qui, par profession, ne craignent ni le froid, ni la dure ; le brouillard matinal argente son corps élégant et l'effleure sans le bleuir. Assise tout bonnement sur roche avec autant de plaisir que sur un coussin moelleux, elle ne paraît pas s'ennuyer dans le paysage harmonieux mais un peu désert, où son seul compagnon est un martin-pêcheur. Reprochons à M. Mazerolle d'avoir laissé pousser auprès de sa nymphe une foule de ronces remplies de feuilles coupantes et de dards pointus. La moindre distraction de notre dormeuse la ferait choir dans un buisson où ses membres gracieux seraient cruellement écorchés. A part cela, son œuvre est agréable à voir.

On n'en peut dire autant de cette sorte de *Pasiphaë*,

collée au flanc de son taureau, que M. Roll nous représente au milieu d'une grande toile où il aurait bien dû
peindre un bout de vrai paysage, au lieu de ces brous-
sailles confuses et indistinctes. Est-ce bien une *Étude*,
comme le peintre l'a appelé, ce tableau empâté à l'excès,
sur lequel il est impossible de revenir?

Un autre tableau du même artiste, intitulé : *le Travail :
chantier de Suresnes (Seine)*, est en même temps l'une des
toiles les plus grandes et l'une des plus discutées du Salon

Au milieu, au premier plan, deux ouvriers, un vieux à
cheveux blancs, et un homme jeune et robuste achèvent
de tailler une pierre : l'un la martèle, l'autre la mesure ;
dans un coin, à droite, des charpentiers soulèvent un
énorme madrier à pointe garnie de fer; l'un d'eux, à
moitié enfoncé dans la tranchée, supporte de son épaule
l'extrémité de la poutre; un second tient celle-ci à pleins
bras, et la hausse de toutes ses forces; trois ou quatre autres tirent plus loin de leur côté. A gauche, un ouvrier et
un jeune aide portent une lourde pierre sur une civière.
Leur effort et leur peine sont bien rendus. Le contre-
maître, la casquette à la main, tout au fond, accompagne
l'entrepreneur qui inspecte bourgeoisement les travaux,
les mains derrière le dos. On trouve là le contraste indi-
qué entre le labeur pénible et ingrat de l'ouvrier, et le
travail libre et lucratif du représentant des classes diri-
geantes.

Dans le fond on aperçoit la berge de la Seine, vague-
ment entrevue, le chantier sans fin, la fumée des locomo-
biles et les fabriques du bord de l'eau.

Consciencieuse et intéressante dans tous ses détails,
d'une exécution large et un peu rude, très appropriée au
sujet, cette œuvre est la reproduction sincère et exacte
d'une scène de la vie sociale moderne; c'est une *descrip-
tion* naturaliste réalisée au moyen de la peinture.

Malheureusement, à côté de qualités réelles, il y a de graves défauts dans la toile de M. Roll. Le plein air y joue un rôle désastreux. Il répand sur tout une coloration grise et terne: il efface tous les plans, met en avant ce qui est en arrière, en arrière ce qui est en avant; il fait d'une scène active et compliquée un spectacle monotone et sans mouvement. Rien ne paraît s'animer. On est embarrassé comme devant un tableau mécanique dont on a perdu la clef. On la cherche pour tourner le ressort et on ne la trouve pas ; et cependant on désirerait voir les brouettes marcher, les scies aller et venir, les marteaux se lever et s'abaisser.... En un mot, c'est la vie elle-même qui manque le plus dans la composition de M. Roll.

Nous la trouvons au contraire dans le tableau de M. Rochegrosse, et c'est par sa présence que se recommande surtout l'œuvre de cet artiste bien doué.

Hé quoi! La vie s'y trouve? Oui, — avec un cortège d'horreurs et la mort à ses côtés.

Encore une thèse sociale, si vous voulez, que cette *Jacquerie*, mais, cette fois-ci, d'un intérêt purement historique, — il faut l'espérer. — Jamais l'on ne verra de populace plus furieuse, plus épouvantablement déchaînée et affamée de carnage que les paysans révoltés de M. Rochegrosse. Rien n'égale leur grandeur hideuse, si ce n'est l'héroïsme indomptable de cette noble aïeule qui regarde la mort en face, et voudrait protéger ses enfants en les couvrant de son corps.

Il y a des inégalités dans cette toile, et le groupe terrifié de femmes et d'enfants qui occupe la droite du tableau ne manque pas de parties faibles. Mais l'effet voulu est obtenu par l'ensemble. Tous les détails de la scène sont rendus avec soin, avec une recherche intéressante de la vérité historique. Il y a de plus des qualités de couleur réellement remarquables.

* * *

Un jour, certain campagnard normand voulut voir Huet, évêque d'Avranches. Le valet barra le chemin au visiteur, sous prétexte que Monseigneur n'avait pas le temps de recevoir puisqu'il était en train de lire.—« Quand donc aurons-nous un évêque qui ait terminé ses études ! » s'écria notre campagnard.

C'est un souhait du même genre que je ne puis m'empêcher de formuler à propos de M. Henner, l'un de nos maîtres les plus illustres parmi les peintres contemporains. Oui, quand donc M. Henner finira-t-il ses « études? » Quand donc cessera-t-il de nous montrer le même morceau de peinture, sans aucun changement pour ainsi dire, et avec des variantes absolument insensibles?

Quelle différence y a-t-il entre la *Madeleine*, du Salon de 1885, et la *Nymphe qui pleure*, du Salon de 1884? Un pan de ciel bleu turquoise en moins, un bout d'étoffe noir de jais en plus, et voilà tout. Nous ne verrons donc jamais sa figure, à cette femme éternellement agenouillée, placée de profil, le visage caché dans les mains? Il faudra donc toujours nous contenter d'une belle tresse, d'une belle épaule, d'un beau bras, d'un beau flanc (voilà un mot qui va mal au singulier), et nous aurons sans cesse le nouveau regret de ne pouvoir contempler, sous un aspect plus varié, cette blonde fille d'Ève à la peau éblouissante de blancheur !

Encore une autre « étude », cette tête de jeune fille, encapuchonnée de rouge et vue de profil. Le teint est légèrement coloré. La jeunesse se révèle par la profondeur et la limpidité du regard. Le modelé est d'une finesse exquise, et l'on trouve dans cette toile ravissante des qualités incomparables d'expression et de sentiment.

Il faut le dire, du reste, jamais M. Henner ne nous a paru plus solide et plus lumineux que cette année. Son coloris n'a jamais mieux marié l'harmonie et l'éclat. Il est impossible enfin de donner davantage l'illusion du relief et de la réalité. Avec la lumière contenue dans une toile de M. Henner, la plupart des peintres éclaireraient dix tableaux.

Quelle œuvre puissante et extraordinaire ne ferait donc pas cet artiste s'il appliquait à d'amples compositions les qualités magistrales que nous voyons déborder dans les petites toiles restreintes où il emprisonne obstinément son génie!

Bien entendu, nous ne désirons pas que M. Henner soit jamais tenté d'imiter M. Clairin, et de peindre une scène épisodique sur une toile aux dimensions colossales. Le tableau de M. Clairin a bien 25 pieds de largeur sur 20 de hauteur, et l'on peut se rendre compte, d'après ces proportions, des efforts et du travail prodigieux exigés par l'exécution d'une telle œuvre. Malheureusement, plus l'artiste évolue sur une grande surface, plus ses qualités ont besoin de relief, et plus ses fautes prennent d'importance. Il ne semble pas que M. Clairin ait disposé d'une façon heureuse les divers motifs de son tableau. Il a tout sacrifié à la personne du sultan victorieux, et il ne nous le montre qu'à demi. Le descendant du Prophète, monté sur un magnifique coursier noir, vient jusqu'au seuil de son palais; du haut des marches de marbre, il contemple les drapeaux pris à l'ennemi, et reçoit l'hommage de son armée. Or, ce sultan, un Abdérame ou un Omar quelconque, si vous voulez, nous devinons sa présence plus que nous ne la voyons : l'embrasure de la porte le cache presque entièrement, et le manteau vert dont il est enveloppé achève de le dissimuler.

Le peintre a pensé, sans doute, obtenir ainsi un heureux

effet : faire valoir la puissance et l'orgueil de ce calife, qui daigne à peine livrer ses traits aux regards de ses soldats. Mais les abstractions sont difficiles à rendre en peinture, et, en définitive, c'est le cheval, dont la tête et le poitrail seulement dépassent la porte, qui semble être l'objet exclusif des acclamations et du respect de la foule.

Celle-ci se compose de guerriers maures, rangés symétriquement dans un ordre théâtral et recherché. La solennité de leur allure fait un contraste bizarre avec la fantaisie et l'étrangeté de leur costume oriental, peut-être très exact, mais singulièrement original. Les premiers plans du tableau ne sont pas suffisamment remplis : tous ces cadavres de princes castillans revêtus de leurs armures, tous ces trésors pillés dans les palais et les églises, semblent trop jouer le rôle d'accessoires. Nous en dirons autant des trois captives à demi nues, et de l'énorme esclave qui soulève l'une d'elles, la plus petite, ainsi qu'une plume, et, de loin, la présente à son maître comme une bonne proie. Ce nègre gêne la vue, et détourne l'attention de l'ensemble du tableau.

Au demeurant, quelle que soit la distance entre cette œuvre et l'*Entrée des Croisés à Constantinople*, de Delacroix, et quand bien même la composition de M. Clairin exciterait simplement la curiosité au lieu de produire un effet grandiose et pathétique, il faut savoir gré à l'éminent artiste de n'avoir pas redouté de donner des proportions aussi considérables à la scène entrevue dans son imagination avec tout l'éclat de la pompe et de la féerie orientales. Nous ajouterons qu'il a su vaincre très heureusement la difficulté de conserver la couleur locale dans une toile aussi vaste, et qu'il a fait en outre preuve d'une grande érudition dans tous les détails de mœurs et de costumes.

Nous trouvons des qualités du même genre, mais à un degré moindre, chez M. Béroud, qui représente, dans une sorte de triptyque, le voyage de Henri III à Venise.

Le jeune monarque, échappé à ses sujets de Pologne, « qui voulaient le contraindre à rester leur roi malgré lui », revient en France prendre la succession de son frère Charles IX ; mais il choisit le plus long chemin, et pour cause : mal reçu « l'année précédente dans les pays protestants » d'Allemagne, où le souvenir de la Saint-Barthélemy ne pouvait guère lui attirer de sympathies, il passe par l'Autriche et l'Italie. Tour à tour, l'empereur Maximilien, puis le doge Louis Mocenigo, lui font un accueil empressé et splendide, et l'exhortent, l'un après l'autre, à la tolérance politique et religieuse, si peu pratiquée par son prédécesseur. Mais le jeune prince n'écoute guère leurs sages conseils, se livre tout entier aux plaisirs et s'enivre des fêtes brillantes qui se succèdent devant lui. Ce sont des épisodes de son séjour à Venise que M. Béroud a représentés.

Deux des scènes que le peintre nous montre empruntent surtout leur intérêt à la reproduction des beautés architecturales du palais des Doges ; on voit, dans la troisième, le palais Foscarini, une vieille demeure du moyen âge, aux murs de briques, aux balcons de dentelle, maison seigneuriale déjà délabrée au xvᵉ siècle.

La toile du milieu, la réception du roi Henri III dans la salle du grand conseil au palais ducal, a tout le mérite de ces décors de théâtre qui prennent plus d'importance que la pièce elle-même.

L'assistance est un peu là pour le remplissage. L'attention des personnages paraît vague et suspendue. Deux dames, dont la présence en un coin du tableau demanderait une explication, se font remarquer par la lourdeur et la pauvreté de leur costume. Le voile de l'une d'elles est singulièrement peint, et d'ailleurs l'exécution générale laisse à désirer comme habileté. La lumière ne produit pas non plus un jeu conforme à la disposition de cette vaste salle carrée, éclairée d'en haut, d'un seul côté. A part cela, le trône double du doge, l'estrade avec ses vieux sénateurs en simarre pourpre, et les étendards aux reflets soyeux forment un fond de tableau très intéressant et d'un effet très bien rendu.

Les personnages de M. Fritel et de M. Brunet sont historiques comme ceux de M. Béroud; mais ils ne vivent point, ils sont idéalisés et appartiennent au domaine de l'allégorie.

M. Brunet, dans un plafond assez pâle, mais d'une tonalité agréable, représente une sorte d'apothéose de Duguesclin. Le geste du héros est noble et naturel, mais « la Gloire » qui l'accompagne manque un peu de ligne et de fermeté.

Il y a quelque chose de bizarre dans cette composition : c'est de voir Duguesclin planer dans l'empyrée et se trouver environné de tours, de créneaux et d'une quantité de personnes pleines d'enthousiasme et d'admiration pour lui. Ces tours, ces créneaux et tout ce monde n'ont rien que je sache d'allégorique; pourtant il est bien certain que Duguesclin ne s'est jamais envolé dans les airs aux yeux de personne.

Les héros de M. Fritel se tiennent également en l'air, mais non loin de ce sol français qu'ils ont tant aimé. La nuit règne encore sur la campagne abandonnée de tout être vivant. Les ombres des ancêtres qui ont combattu pour le pays planent sur les sillons. Ici, Vercingétorix, Jeanne d'Arc, saint Louis ; à côté d'eux, les hussards de la République et les grenadiers de la vieille garde parcourent ces espaces anoblis par leur héroïsme : « Héritage sacré, terre sainte, ô Patrie arrosée du sang de tes défenseurs nos ancêtres, tu laisses échapper en foule leurs ombres. Puisse leur souvenir glorieux déposer en nos cœurs le souffle ardent qui les a animés ! » Tel est le texte généreusement interprété par M. Fritel. L'idée est belle et émouvante, et l'exécution révèle un grand effort de conscience et de talent. Il y a évidemment un peu de monotonie et de confusion dans la toile, à cause de la demi-obscurité où toutes ces ombres se meuvent ; il est fâcheux que cet écueil n'ait pas été évité.

Le *Sardanapale* de M. Prouvé contient de nombreuses odalisques dans des poses variées et intéressantes. La coloration générale, sans être trop chaude, est pourtant fort réjouie et fait plaisir. Toutes ces femmes, allongées sur de moelleux tapis, n'ont pas exigé de grands frais de costume, et nous admettons volontiers que ce sont là les épouses du seigneur Sardanapale. Mais celui-ci est-il réellement dans ses habits véritables ? Cette robe japonaise, pour ainsi dire, d'un fort beau ton orangé, brodée de bleu pâle et d'or, lui tourne bizarrement le long du corps, et n'en laisse deviner aucune ligne. Ce prince ne danse pas, il gigotte et donne un drôle de spectacle à son charmant entourage.

Le groupe des musiciennes, au côté droit du tableau, paraît faible comme arrangement et comme facture, mais, somme toute, l'œuvre est d'un bon coloriste, d'un peintre habile et consciencieux, doué de grâce et d'imagination.

M. Roll nous a montré l'ouvrier au travail ; M. René Gilbert nous le montre au repos ; il développe également sur une vaste toile la scène de genre qu'il a voulu représenter ; le choix de dimensions semblables est peut-être motivé par le désir légitime de se faire remarquer. Heureusement, c'est à l'avantage de M. Gilbert que l'attention se porte sur son tableau. Rien ne manque dans cette page intéressante : on y voit le tapis verdâtre des fortifications, semé des promeneurs du dimanche. Les uns vont et viennent, les autres sont assis ; quelques-uns, allongés sur le sol, paraissent ronfler à leur aise. Le piou-piou cause avec la petite bonne ; le camelot, dormant à poing fermé, cuve le vin du samedi. On aperçoit les fabriques du faubourg et les balançoires suburbaines. Le jeune ménage, au premier plan, est fort réussi. La mignonne épouse, coiffée d'un chapeau coquet, assez élégante dans sa robe marron à pois blancs, fait marcher quelques pas à son gentil bébé ; le mari, bien nippé, étendu par terre, en manches de chemise, avec pantalon et gilet noirs, quitte sa lecture du *Cri du peuple* pour regarder son gamin. A signaler, l'effet curieux du ballon rouge qui se balance dans un coin, au-dessus de la petite voiture, et se détache singulièrement sur le fond vert du gazon.

Les ouvriers de M. Gilbert sont plutôt des artisans aisés ; en tout cas, ils paraissent fort contents de leur sort, et leur aspect n'éveille aucune idée de revendication sociale.

Je ne pense pas que M. Gervex ait eu l'intention de faire des portraits dans le tableau qu'il intitule : *Une Séance du jury de peinture*. Le portrait ne souffre pas une exécution *décousue*. Il y a de bonnes qualités de coloris et de lumière dans cette toile, mais l'œuvre paraît conçue et traitée avec une absence de distinction et une sorte de banalité qui n'ont pas de raison d'être : l'art se prête médiocrement à la familiarité.

Un peintre de grand talent, M. Humbert, a su pourtant, dans un panneau décoratif destiné à la mairie du XVe arrondissement, donner l'allure épique à une scène très ordinaire de la vie des champs, le retour des travailleurs à la fin de la journée. Peut-être eût-il pu embellir davantage ses types de paysan et mettre un peu de poésie dans leurs traits comme il en a mis dans le paysage ; mais il règne dans l'ensemble de son œuvre une ampleur et une sérénité qui dénotent l'artiste éminent, l'interprète noble et élevé de la nature.

La nature et la vie des champs ! Quelle source inépuisable d'inspiration pour un artiste au cœur tendre, à l'esprit délicat, au sens profond ! Et quand cet artiste se nomme Jules Breton, c'est d'un maître incomparable qu'il s'agit. Exécutées avec amour et poésie, les deux œuvres de M. Jules Breton, au Salon de cette année, sont absolument exquises : tout y est harmonie, et le sentiment y prend une intensité d'expression saisissante.

Dans l'une des toiles, le jour commence à poindre ; l'alouette a pris son essor ; levée comme elle avant l'aurore, une jeune paysanne est debout dans les champs encore déserts. Avant de courber à terre son corps svelte mais robuste et de se mettre à sa pénible tâche, elle regarde le ciel infini et murmure quelque prière, ou bien, semblable en tout point à l'oiseau matinal, elle rend un hommage instinctif à la beauté de la création.

Dans l'autre toile, le jour finit ; le soleil disparaît à l'horizon ; « un dernier rayon » dore les toits de chaume et les grands arbres. Deux bons vieillards et une jeune fille sont assis dehors, auprès de leur maison, et s'occupent à filer du chanvre. Ils interrompent leur travail et regardent en avant. Leur visage honnête et bon exprime le contentement : c'est le fils qui revient avec sa femme, tous deux las de leur journée passée aux champs, et heureux de rejoindre leurs parents et le cher bébé qu'ils ont laissé au logis.

Cette scène est admirablement bien rendue. Il est impossible de pénétrer davantage dans le charme et l'intimité d'un sujet, d'en mieux dégager la note tendre et sentimentale. La lumière calme, les reflets tièdes et adoucis du soir augmentent la poésie du tableau, et revêtent chaque objet de colorations d'une délicatesse infinie.

L'Anniversaire et *la Fin de la journée*, exposés par M. Emile Adan, se rapprochent beaucoup des deux œuvres dont nous venons de parler, mais sans atteindre entièrement leur mérite. L'exécution, chez M. Adan, est plus sommaire, moins accentuée, moins habile. On trouve pourtant dans les toiles de ce peintre quelque chose du charme fin et pénétrant particulier aux tableaux de M. Jules Breton. Dans *l'Anniversaire*, une jeune femme, conduisant un enfant par la main, s'achemine vers le modeste cimetière d'un village, et s'apprête à orner de fleurs quelque tombe bien chère. La scène est simple, touchante, d'une tristesse communicative. Le terrain, les murs et le ciel ont des teintes d'un gris lilas harmonieuses et mélancoliques.

Le ciel chaud de l'Orient a, le soir, au soleil couchant, des nuances d'opale irisée. Les objets prennent un éclat métallique ; de tièdes vapeurs se dégagent du terrain brûlant et montent dans l'atmosphère. Une sorte de langueur et de tristesse envahit la nature au moment où vient de disparaître complètement l'astre bienfaisant dont les rayons embrasent encore l'horizon. C'est l'instant voulu pour représenter, dans le décor qui lui convient, une scène de passion calme, de pleurs sans révolte, de désespoir résigné et intime. M. Cabanel a employé fort à propos les tons transparents et cuivrés qui naissent d'eux-mêmes sur sa palette, à retracer les malheurs de la fille de Jephté dans une toile exquise, peinte avec une inspiration attendrie et un sens poétique profond. L'œuvre est des plus remarquables ; elle déborde d'harmonie et de sentiment. Ces jeunes filles, si agréables à voir, avec la beauté expressive de leurs traits, la mollesse et le laisser-aller de leurs poses, avec la grâce de leur costume oriental aux voiles soyeux et légers, charment aussi par la tendresse affligée de leurs regards, par les marques de compassion désolée qu'elles prodiguent à leur malheureuse amie, douce victime de la fatalité. Les œuvres comme celles de M. Cabanel appartiennent à l'ordre le plus élevé, et leur rareté en rehausse le mérite. Pour une toile de ce genre, combien trouve-t-on de compositions bruyantes et vulgaires, combien voit-on de tableaux vides et prétentieux !

Nous ne reprocherons pas ces défauts-là à M. Jacquet; son talent a trop de science et de distinction. Cependant ses deux figures, *l'Espiègle* et *la Reine du camp* ne nous disent pas grand'chose. Le dessin est forcé et la touche heurtée, sèche et méticuleuse ; les étoffes sont faites habilement, mais les chairs sont moins bien rendues. La pose est maniérée, surtout celle de *l'Espiègle*, dont la poitrine, le cou et la figure sont, d'ailleurs, d'assez maigres morceaux — de peinture.

M. Wagrez a un peu des qualités et des défauts de M. Jacquet. Son *Mariage à Saint-Marc*, au xve siècle, à Venise, est une jolie toile d'un coloris agréable et vif, d'une exécution soignée et consciencieuse; mais il y a une certaine affectation dans la pose des personnages et une sorte de préciosité dans le dessin ; les « figurants » sont d'un caractère un peu insignifiant : grande richesse de tapis, de tentures, de marbres précieux, profusion de fleurs répandues, quantité de draperies, de bannières et de costumes chamarrés, voilà ce que l'on remarque le plus dans cette aimable composition, et l'on devine que le peintre a voulu surtout reconstituer l'aspect extérieur et l'apparat intéressant de cette scène du xve siècle.

Des journées vénitiennes aux nuits parisiennes, il y a toute la distance du temps et des mœurs. Le tableau de M. Stewart représente une soirée en habit rouge « *a Hunt Ball* » dans un salon moderne, et l'on reconnaît des portraits fort réussis parmi les figurants de cette aimable

réunion mondaine. L'œuvre dénote beaucoup de savoir-
faire et indique un talent plein de ressources. C'est une
agréable exhibition de belles épaules et de jolis minois,
au milieu d'un grand papillotage de gaze, de rubans et
de fleurs. Mais les habits rouges des danseurs écrasent
les toilettes féminines et absorbent toute la lumière du
lustre. Le reste de la toile est sombre, et le premier plan
ne vient pas suffisamment en avant.

Le *Hunt Ball* de M. Stewart rappelle les toiles de
M. Béraud, et ce dernier peintre eût peut-être obtenu un
plus grand succès que M. Stewart dans un sujet analo-
gue, s'il était resté cette année fidèle à son genre. Au lieu
de cela, il a peint une scène d'une réalité douloureuse et
qui impressionne péniblement : *les Fous*, à Charenton. Ce
tableau est d'une exactitude et d'une observation saisissantes.

⁎

Beaucoup de peintres fort habiles, en cherchant ainsi à
reproduire, soit des scènes extérieures, soit des sujets in
times de notre vie contemporaine, créent des œuvres fort
intéressantes, dignes de retenir l'attention, souvent très
recommandables par le talent de l'exécution, la recherche
de la vérité et l'intelligence des détails. De tels tableaux
sont autant d'études de mœurs faites pour satisfaire notre
curiosité présente et préparer des renseignements fidèles
à l'avenir. Nous en citerons quelques-uns : *le Lavabo à
l'École maternelle* et *les Bataillons scolaires* de M. Geoffroy;
l'Après-Midi d'un dimanche dans un marché parisien de
M. Victor Gilbert: *Un Mariage d'intérêt* de M. Frappa ; *le
Lawn Tennis* de M. Heilbuth ; *Un Nuage*, scène conjugale,
de M. Roger-Jourdain ; *la Rêverie* de M. Saintin ; *le Dé-
part* et *le Retour* de M. Toulmouche ; *la Coupe et la Cou-*

ture dans une école communale de M. Truphême. *Le La-*
vabo à l'École maternelle de M. Geoffroy est surtout remarquable, et l'on s'arrête avec plaisir devant tous ces mar-
mots, dont les figures expriment des sentiments si divers
au contact de l'onde régénératrice où l'on trempe leurs
petites mains sales et où on lave leurs frimousses dou-
teuses.

Le triste réalisme qui se dégage dans le tableau, très
décolleté, de M. Pelez a d'autant plus d'accent que cette
toile, — *la Misère à l'Opéra*, — paraît une reproduction
très fidèle et très réussie de types caractéristiques non
inventés, mais vivants. Les physionomies, déjà flétries,
de ces jeunes ballerines pauvres dénotent une précoce
expérience, et l'on devine que la vertu de ces demoiselles
ne sera pas plus solide que leur maillot. Les vêtements
quittés pêle-mêle et jetés sans soin, les chapeaux accro-
chés au premier clou venu, sont autant d'indices révéla-
teurs. L'œuvre se fait remarquer par d'excellentes qualités d'exécution, une peinture franche et un dessin correct.

M. Pinchart expose un tableau d'un coloris frais et sé-
duisant, sous ce titre : *Un Coin de marché* à Genève. L'ensemble de la composition manque un peu de pittoresque ;
les fruits, le poisson, les légumes et la volaille ne sont
pas des accessoires à négliger dans un marché et auraient
mérité d'être rendus avec plus d'accent et de précision ;
toutefois, les figures et les attitudes des marchands sont
bien étudiées et ne manquent pas d'expression.

M. Aimé Morot nous montre un taureau vainqueur,
parcourant l'arène avec un cheval planté dans ses cornes.
C'est un spectacle d'une curiosité assez imprévue, et peu
agréable en somme. Le malheureux cheval éventré est
dans une pose absolument fantastique, et il rougit de son
sang le cou du taureau, qui devient horrible à voir. La

« spada » est culbutée et peut être blessée à mort. Les
picadores s'enfuient de toutes parts. La poussière est
telle, que l'on distingue à peine les spectateurs, et que
l'on ne peut se rendre compte, ni de leur nationalité, ni
de leurs impressions. Il y a beaucoup de talent dépensé
dans cette toile, où, malheureusement, l'effet violent est
exagéré et pénible.

Oublions vite ce cheval éventré, et cherchons quelque
œuvre aimable et gaie qui nous procure des sensations
plus douces. Passons à d'autres sujets, et, s'il le faut, à
d'autres époques :

Un des tableaux que nous pouvons admirer sans ré-
serves, c'est *la Bande joyeuse* de M. Bayard. On ne saurait voir cette troupe galante et folichonne sans être
étonné de la verve avec laquelle l'artiste a su animer ses
personnages. Ils sont vraiment vivants ces aimables « vi-
veurs », tant soit peu bruyants et désordonnés.

Le Retour de la revue de M. Delort est également une
charmante toile, où nous voyons les frais minois des ser-
vantes rouennaises, dans leur élégant costume Louis XV.
Auprès de la fontaine de « la Grosse Horloge », elles sont
là une douzaine qui reluquent les beaux militaires, tandis que les gamins se préoccupent surtout du timbalier
nègre et de son éblouissant costume.

Le Salon ne manque pas non plus d'agréables nudités.
On admettra que nous ne suivions ici aucun ordre chro-
nologique. Dans leur léger costume, ces sortes de beautés sont de tous les temps.

La *Rêverie* de M. Delobbe est une bien jolie persoune,
aux formes gracieuses et à la peau nacrée ; le peintre l'a
modelée avec une délicatesse infinie de la tête aux pieds ;
mais, oserai-je le dire, la tête est un peu petite et les pieds
un peu grands.

M. Courlat nous montre deux charmantes baigneuses,

la brune et la.... rousse, qni se reposent au bord de la mer et aspirent l'air salin : l'une est assise, l'autre étendue sur le sable fin du rivage.

M. Victor Gilbert expose, en plus de son *Marché parisien*, une *Baigneuse* assez réussie ; M. Tremblay, dans une jolie toile décorative, *Au Matin*, représente également une jeune femme livrant à l'eau froide son corps souple et délicat ; M. Cormeray a peint avec talent une aimable scène de *Daphnis et Chloé*.

Nous n'avons que des compliments à faire à M. Emmanuel Benner, sauf sur son paysage trop sommairement rendu, cru de tons, avec des herbes et des feuillages raides et découpés symétriquement. Cette verdure nuit beaucoup aux charmantes femmes que l'artiste, heureusement inspiré, a représentées dans des poses si gracieuses et si naturelles.

L'une de ces *Nymphes*, debout, charme les oiseaux par les sons harmonieux d'une double flûte ; les belles filles ont un corps svelte et délicat, des attaches élégantes et fines, la peau mate et fraîche, des mains ravissantes. Il faut désormais compter M. Benner au nombre de nos maîtres les plus distingués.

La *Léda* de M. Tony Robert-Fleury est fort..... belle, mais un peu contournée ; M. Aviat, avec sa *Zuleika*, nous donne une excellente étude de femme nue ; M. Lionel Royer a réussi à merveille à exprimer cet entraînement de l'Amour qui se laisse conduire, en aveugle et au triple galop, par la Folie vers le précipice ouvert devant lui. Le dessin a du mouvement et de la hardiesse, et le coloris est charmant de douceur.

Enfin, M. Weisz a su tirer un parti excellent de la fable du *Lion amoureux*, et sa perfide séductrice du roi des animaux enjôlerait aussi des êtres moins farouches.

Les peintres militaires sont très rares au Salon de cette

année. Nous ne voyons pas M. Detaille, ni Alphonse de Neuville, et ce dernier, hélas ! est parti pour toujours. Enlevé avant l'âge, avec de longues années encore devant lui, Neuville laisse un vide inoubliable, et sa mort est un deuil pour l'art et pour la nation. Nous ne pouvons consacrer ici qu'une place restreinte au souvenir de ce glorieux peintre ; mais l'étendue des regrets ne se mesure pas à la longueur des phrases, et il suffit de rappeler que la mémoire d'Alphonse de Neuville vivra toujours, consacrée par l'éclat d'incomparables chefs-d'œuvre, *les Dernières Cartouches*, *le Cimetière de Saint-Privat*, *le Combat de Villersexel*.

MM. Armand Dumaresq, Grolleron, Castellani, Marius Roy, Bettanier, Beaumetz, Boutigny et Renouard sont à peu près, cette fois-ci, les seuls représentants du genre où se concentrent nos plus profonds attachements et nos tristes souvenirs patriotiques. La toile de M. Grolleron, intitulée *Un Renseignement*, est particulièrement remarquable.

*
* *

Quelques mots sur les portraits : Le genre dont nous parlons abonde comme toujours, mais les œuvres de valeur se comptent, et dépassent difficilement la demi-douzaine.

Le portrait de *Mme Pelouze*, par Carolus Duran, est théâtral. L'énergique allure du maître semble avoir faibli et s'être brisée sur cette grande toile. Quant au portrait de *Miss* ***, il est bien peint, mais un peu mièvre.

Voici d'autres *Misses*, trois jeunes personnes que M. Sargent représente dans leur intérieur, avec des poses gracieuses et naturelles. C'est un aimable et charmant ta-

bleau. Les tons ont de la fraîcheur et une certaine cru-
dité dont la saveur n'est pas désagréable. Les touches,
non fondues, sont largement appliquées sur un dessin
correct et très serré. Nous aimons beaucoup ce procédé
plein de hardiesse ; mais on ne l'emploie pas toujours
sans péril, et dans le portrait de Mme *V...*, représentée
une fleur de magnolia à la main, la franchise de M. Sargent devient de la raideur.

M. Comerre n'a pas su éviter non plus cette raideur,
bien que ses deux portraits de femmes, l'un en vert, l'autre en bleu, soient peints avec une grande virtuosité
d'exécution, un faire extraordinaire dans le rendu des
étoffes, et beaucoup d'habileté à mettre en évidence la
splendeur d'un costume apprêté pour la circonstance.

Toute cette recherche nuit à la vie autant qu'à la ressemblance. La simplicité et le naturel de la pose augmentent la valeur d'un portrait de tout le mérite de l'aspect
réel de la personne représentée ; ce qui revient à dire
que le portrait lui-même n'existe pas dès que ces qualités
sont absentes. M. Gallian, lui, sait donner au modèle son
expression la plus vraie, la plus sincère, la plus intime.
Rien de solennel ou d'affecté comme costume, ni comme
pose, dans son portrait de Mme *de C. de C.* Le dessin est
élégant, la touche délicatement fondue, harmonieuse et
fraîche.

Charmants aussi comme caractère expressif et attitude
gracieuse les portraits de jeunes filles et de jeunes femmes
par MM. Raphaël Ochoa, Jules Quesnet, et Mmes Coeffier
et Beaury-Saurel.

Signalons le beau portrait, consciencieusement dessiné
et franchement peint de *M. A. Rischmann, directeur au
Ministère des finances*, par Mme Noémie Guillaume.

Citons également *le Général Février*, peint par M. Del-
humeau, *M. Jules Roche, député du Var*, par M. Bertin, et

les excellents portraits de MM. Delaunay, Cormon, Merwart, Wencker, Rixens et Debat-Ponsan.

Saluons de nos regrets la pauvre Marie Baschkirtseff, triste et songeuse dans son portrait peint par elle-même, et donnons, avant d'examiner un autre genre, des éloges bien mérités à MM. Émile Renard, Edelfelt et Perrault pour les charmants enfants qu'ils ont si bien représentés.

* *

Les natures mortes, les fleurs, les paysages ne sont pas nombreux au Salon de cette année ; mais nous avons à signaler quelques tableaux fort intéressants.

M. Harpignies expose une toile sévère et saisissante, *Chênes au Soleil couchant;* M. Hanoteau, un *Sous-Bois* frais et agréable ; M. Émile Breton, *la Chute des feuilles,* d'un effet mélancolique et remarquable.

Les Terrains blancs, de M. Paul Péraire, une vue pittoresque et poétique de la *Haute-Vienne,* par M. Olivier Chéron, les arbres baignés de lumière de M. Bourgeois méritent aussi d'être mentionnés élogieusement, de même que les beaux tableaux de M. Hareux, et *la Matinée d'été à Meudon,* de M. Schmitt. Deux peintres norwégiens, M. Otto Sinding et M. Normann, nous montrent des sites de leur pays : les paysages de M. Otto Sinding encadrent des études de mœurs touchantes et fort bien rendues : *Funérailles à Lopoten,* et *Lapons saluant le soleil réapparaissant après la longue nuit d'hiver.* M. Normann a peint, avec une solidité de facture et une puissance de coloris remarquables, une magnifique roche, qui se réflète dans des eaux transparentes et tranquilles d'un effet incomparable.

On s'arrête avec plaisir devant deux superbes natures

mortes : *le Bocal d'abricots*, de M. Bergeret, et *les Apprêts du festin*, par M. Fouace.

Les peintres animaliers, M. Friese, Burnand, Brissot, Gélibert et Charpin ont signé d'excellentes toiles ; M. Friese et M. Charpin attirent surtout l'attention, le premier, avec ses *Brigands du désert*, d'une souplesse et d'un mouvement merveilleux ; le second, avec ses moutons de Sologne, si vivants et si bien groupés.

Les *Roses* de M. Jeannin et de M. Grivolas sont belles, mais un peu pâles ; nous aimons beaucoup les *Pavots* de M. Jean Benner, et les *Rosiers remontants*, de M. Cesbron.

Ne finissons pas sans nommer, comme auteurs d'aquarelles fort réussies, MM. Gassies, Béthune et William Wyld ; et parmi les graveurs de talent, M. Félix Oudart, qui expose trois eaux-fortes remarquables.

*
* *

« *Honos alit artes*, » dit Cicéron dans les *Tusculanes ;* traduction : la louange est le pain des artistes.

C'est de ce pain-là surtout que vivent aujourd'hui les sculpteurs, malgré les encouragements de l'État et de la Ville de Paris. Nous donnerons donc, sans plus tarder, au Salon de sculpture actuel, les éloges qu'il mérite. La peinture, qui a commencé la marche de ces articles, la fermera dans la personne des peintres animaliers, paysagistes, fleuristes, aquarellistes et autres.

En ce vaste Palais de l'Industrie, si fâcheusement nommé, puisqu'il devient le temple des arts pendant deux mois de l'année, une des promenades les plus agréables, véritable charme et repos pour l'esprit, est d'errer au milieu de ce monde de statues dont la vue sollicite sans violence notre attention. Cette promenade forme un contraste heureux avec celle du premier étage, où l'on doit soutenir l'assaut sans fin des bruyantes symphonies, des larges cantates et des vives opérettes du dessin et de la peinture.

Le sculpteur, plus sobre de mouvement et de composition, est aussi plus souvent homme de goût que le peintre. Il doit à des études forcément consciencieuses un respect profond pour la forme et pour le sentiment.

Nous n'aurions donc à récolter que de bonnes impressions dans notre examen des œuvres de sculpture, si nous n'avions, sur notre passage, tant de bustes insignifiants ou disgracieux à voir, si parfois le mouvement audacieux d'une statue ne donnait des craintes pour son équilibre; enfin si, quelques sculpteurs trop réalistes ne s'avisaient de copier des modèles peu esthétiques.

En général, on remarque chez tous les sculpteurs, même les meilleurs, un embarras excessif pour le choix du modèle. Les personnages représentés offrent rarement de belles lignes, des traits nobles et hardis ; et, lorsque le corps ne laisse pas trop à désirer, la tête est presque toujours banale d'expression, nulle comme physionomie, sans valeur comme type. Ce défaut dépare beaucoup de belles œuvres, que nous regretterions de citer pour justifier nos reproches.

Trop souvent le corps lui-même manque de proportions, de force ou d'élégance; la race humaine n'est pas si dégénérée que l'on ne puisse rencontrer des sujets bien formés. Autrefois, sans doute, le peuple lui-même offrait plus que maintenant un grand nombre d'hommes parfaitement construits. Chez les anciens, chez les Grecs surtout, il y avait plus de régularité dans les traits, plus de dignité dans la démarche. Chaque mouvement, à en juger par les statues qui sont restées, était empreint d'une sorte d'ampleur, d'une certaine majesté. Aujourd'hui, on ne marche plus, on court; on saute d'un tram-

way pour grimper sur un omnibus ou escalader un chemin de fer. L'allure n'a plus la même correction, ni la
même grâce.

Est-ce une raison pour les sculpteurs, dont la plupart
traitent des sujets antiques, d'exagérer les mouvements,
de négliger la beauté des traits, et de nous montrer un
certain nombre de personnages plus ou moins disloqués
et rabougris ?

Quelques statues exposées sont affectées d'un fou rire, et
semblent dire à tout propos, au milieu des circonstances
les plus contraires, ainsi que le prince Eustache de Tolède
dans *la Girouette* : « Ah ! ah ! ah ! comme c'est drôle ! Oh !
je me tords ! je me tords !... »

Sans condamner la sculpture à l'immobilité absolue, on
doit exiger que la statue la plus mouvementée représente
le corps au moment précis où il se trouve en équilibre ;
mais ce point, difficile à atteindre, est sans doute impossible à fixer.

On pourrait aussi conseiller aux artistes de chercher à
améliorer leurs modèles, et d'être un peu plus curieux des
belles espèces ; il y a longtemps que l'on agit ainsi pour
les chevaux, les pigeons et une foule d'autres quadru-
pèdes ou bipèdes. Ce perfectionnement est d'autant plus
à désirer que les artistes ne seraient pas les seuls à en
profiter.

Après tout, il n'est point déplaisant de trouver par-ci.
par-là, sculptés dans le marbre, le bronze ou le plâtre,
de petits gavroches aux membres noués et mal venus, aux
traits vulgaires ; de vieux chiffonniers au torse ratatiné et
déjeté ; le spectacle est peu intéressant par lui-même,
mais il sert de repoussoir et augmente l'attrait des autres
œuvres plus dignes de l'art antique.

Cependant, il n'y a pas lieu de souhaiter un nombre
plus grand de ces sortes de statues. Il est surtout inutile

que les sculpteurs se mettent du côté de Darwin et cherchent à faire ressortir les parentés animales de l'espèce humaine.

Peut-être l'homme descend-il du singe; je voudrais que le sculpteur nous prouvât le contraire.

.·.

MM. Quinton, Desca et Ogé (1) ont compris qu'ils seraient dans leur tort s'ils nous montraient des ancêtres de ce genre, et ils ont eu soin de nous représenter les Gaulois, nos aïeux, avec leur prestance martiale et farouche et leur stature imposante. Nous les revoyons avec plaisir, ces Gaulois, dont M. Boisseau nous avait donné, l'an dernier, un excellent échantillon.

Ces guerriers fiers et sauvages procurent aux artistes l'occasion de tailler en plein marbre des corps d'athlètes aux formes robustes, non encore élégantisées par la civilisation, et leur permettent de délaisser un peu les lutteurs grecs et romains, aux membres lisses et arrondis.

Mais, lorsque nous avons devant nous des Grecs, qu'ils soient au moins représentés avec une certaine largeur de geste et une certaine harmonie de formes. Nous ne saurions donc admettre comme réussies, malgré de grandes qualités d'exécution, les statues de M. Marioton et de M. Hugues (2).

Sans doute, Diogène est un philosophe et un cynique; M. Marioton pouvait nous le montrer tout dépenaillé,

---

(1) M. Quinton : *la Défense du territoire;* — statue, plâtre.
  M. Desca : *On veille;* — groupe, plâtre.
  M. Ogé : *Baptême gaulois;* — groupe, plâtre.
(2) M. Marioton (Claudius) : *Diogène;* — statue, bronze.
  M. Hugues : *Œdipe à Colone;* — groupe, marbre.

mais il devait lui laisser quelque noblesse corporelle, ne pas lui donner une attitude cassée et en faire un vieillard au corps déjeté, aux os en saillie, à la peau flasque et ornée de grosses veines. Diogène cherche un homme, probablement celui qui réalise la maxime formulée plus tard par un poète latin : *Mens sana in corpore sano.* Son extérieur physique n'est pas en rapport avec ses principes, et il est difficile d'admettre qu'un esprit robuste soit logé dans ce corps infirme. La figure est, du reste, mieux traitée que le corps. Le masque est sérieux, méditatif, avec une légère expression de mépris. C'est la meilleure partie de la statue.

Dans l'*Œdipe à Colone*, de M. Hugues, nous trouvons un bel effet d'ensemble et de composition. La fidèle Antigone est bien rendue par l'artiste ; elle émeut par son attitude touchante et résignée ; on lit sur son visage l'infinité de la souffrance et de la compassion. Mais l'Œdipe est sans caractère ; c'est un pauvre vieillard digne assurément de pitié ; on chercherait vainement à voir en lui le roi lamentable que les dieux ont rendu le plus malheureux, et, à son insu, le plus coupable de tous les hommes.

M. Schrœder expose aussi un *Œdipe et Antigone* qui ne manque pas de qualités ; mais dans ce groupe, comme dans le précédent, la figure d'Antigone seule nous paraît réussie.

M. Zacharie Astruc a banni la noblesse et la ligne du corps de son *Roi Midas ;* et il a eu raison d'agir ainsi, puisqu'il avait à représenter un grotesque et sot personnage, assez ignare pour préférer la flûte à la lyre. L'artiste nous a montré ce pauvre diable sous la forme d'un vieux bonhomme ratatiné, à la physionomie expressive, où l'on reconnaît bien l'assurance et le contentement intime de celui qui se croit un fin connaisseur en musique. Déjà ses oreilles d'âne ont poussé sans qu'il s'en doute. Cette œuvre ne manque pas d'esprit et de bonne humeur.

Parmi les différents genres de sculpture, il y en a un
que l'on n'aborde guère sans risquer d'échouer. On ne
saurait, en effet, au moyen d'un personnage allégorique
plus ou moins habilement conçu, exprimer, dans toute sa
profondeur et sa puissance, la valeur d'une idée philosophique et morale. Les œuvres de cette nature sont con-
damnées à des poses de convention, et il est difficile pour
l'artiste de montrer de l'originalité. Je n'en veux pour
preuve que les deux statues représentant *le Travail*, l'une
par M. Lebourg, l'autre par M. Gautherin.

Par une coïncidence frappante, les deux sculpteurs ont
mis au jour une conception erronée. Il est impossible de
deviner le titre de leurs œuvres sans consulter le livret.
Sans doute, autour des personnages qu'ils ont modelés,
nous voyons de nombreux instruments, emblèmes du
labeur; mais enfin, un individu au repos ne saurait représenter le travail.

De toute façon, on pourrait exiger plus de noblesse
dans la statue de M. Gautherin. Une figure allégorique
doit avoir du caractère ; j'en appelle au *Génie du tombeau*,
de M. de Saint-Marceau ; à *la Force*, de M. Paul Dubois.
Le Génie de M. Gautherin a bien une expression, mais
c'est celle de l'ennui, l'ennui banal, et non la tristesse
d'un Sisyphe condamné à recommencer éternellement
son œuvre.

J'aime mieux *le Travail* de M. Lebourg; il est énergique
puissant et décoratif. Malheureusement, il a un peu l'attitude d'un forgeron rédigeant un mémoire, et, comme
celui de M. Gautherin, il est assis sur une enclume. N'est-il
pas prosaïque d'employer comme siège, dans un pareil
sujet, l'attribut qui révèle le plus la destination de la statue, et de faire un escabeau de cette enclume dont le rôle
perd ainsi toute signification ?

M. Demaille a mieux réussi à développer le sens allé-

gorique dans son groupe intitulé : *Protection*. L'ensemble
de l'œuvre fait bon effet, et chaque partie est bien traitée.
La figure principale, une jeune femme belle et robuste
exprime d'une façon frappante la charité et la force ; on
ne saurait douter de l'appui bienfaisant qu'elle offre aux
enfants réunis auprès d'elle. Elle personnifie évidemment, dans l'intention du sculpteur, l'idée moderne de
sauvegarde et de soins maternels accordés à l'enfance, et
non la protection classique, réservée par la nature comme
un des principaux attributs du sexe fort, et que la logique
commande de représenter sous la forme d'un homme
robuste et déterminé.

La Fatalité, de M. Christophe, est campée sur une roue,
comme la Fortune, mais dans l'attitude raide et sévère
qui convient bien à une force indifférente et inéluctable.
De la justice, elle ne possède qu'un seul attribut, le glaive,
qui frappe ; mais sa roue, qui broie le jeune satyre,
représentant des anciens âges, épargne l'enfant livré au
travail, image de l'avenir. M. Christophe a interprété
d'une façon simple et heureuse les beaux vers de M. Le-
conte de Lisle :

> L'épée en main, le pied sur la roue immortelle,
> Douce à l'homme futur, terrible au Dieu dompté,
> Elle vole les yeux dardés droit devant elle,
> Dans sa grâce, sa force et sa sérénité.

Les difficultés à vaincre ont des attraits irrésistibles
pour les artistes maîtres de toutes les ressources de leur
art, et tandis que la plupart des sculpteurs se bornent à
attaquer plus ou moins vivement la matière qu'ils mettent
en œuvre, et à l'animer d'un souffle purement humain,
quelques-uns, tels que M. Antonin Mercié et M. Chapu,
savent assouplir le marbre et lui faire exprimer les vi-
sions poétiques les plus éthérées.

La figure de femme, sculptée par M. Ant. Mercié et destinée au tombeau de Mme Charles Ferry, personnifie *le Souvenir*. L'artiste a su mettre dans son œuvre, belle de formes et de contours, une grande délicatesse de goût, un puissant effet de sentiment. Simple, mais expressive dans son attitude abandonnée, cette statue est bien la véritable image d'un regret persistant et éternel, d'une douleur intime et contenue.

Peut-être M. Mercié eût-il pu laisser moins flottant le voile de deuil dont il a recouvert les traits de la statue, et le faire retomber sur le côté en un pli moins lourd. Pour obtenir l'illusion de la transparence, il a dû rendre presque adhérent au visage ce tissu léger, mais on admet difficilement qu'une étoffe non retenue et surtout non mouillée, se prête, si souple qu'elle soit, à suivre le relief de la figure. — M. Maillet, dans son *Agrippine* du musée du Luxembourg, a rendu un effet de ce genre, d'une façon plus heureuse, j'allais dire inimitable.

M. Chapu met, lui aussi, de l'idéalisme dans sa statue de *la Duchesse d'Orléans*, qu'il a exécutée pour une salle voisine de la chapelle de Dreux. La princesse, étant protestante, n'est pas inhumée auprès de son mari; elle tend le bras comme pour le rejoindre. Son attitude est peut-être trop extatique, avec une certaine dose de grâce affectée. C'est là un grand tort dans une œuvre funéraire où l'austérité s'impose à l'artiste. Que nous sommes loin, devant cette statue, de l'admirable réalisme des maîtres français de la Renaissance. Ajoutons que le bras paraît s'allonger démesurément et s'adapter mal à l'épaule. L'exécution séduit d'ailleurs par sa souplesse et son élégance.

Bien aimable encore pour un tombeau l'œuvre de M. Verlet. Il faut ici supposer deux jeunes époux, enlevés par une fin prématurée, simultanée et sans souffrance, comme si la mort les surprenait au milieu du sommeil. Cette conception s'éloigne peut-être infiniment de la réalité. Mais le droit de l'artiste est d'idéaliser autant qu'il lui plaît notre enveloppe charnelle, et nous ne pouvons lui reprocher des écarts d'imagination lorsqu'il s'agit d'un rêve amoureux et poétique. — Le tombeau sur lequel les deux époux sont couchés est un lit où ils reposent mollement. L'œuvre saisit plutôt par un arrangement délicat et agréable que par la force du sentiment. L'horreur de la mort ne plane pas sur cette tombe où les fleurs sont répandues, et dont tout contribue à écarter l'idée d'une sépulture. Les accessoires sont traités d'un ciseau léger et sans trop d'énergie. La couverture est admirablement disposée et étudiée dans ses plis. La main droite de la jeune femme rejoint celle de son mari ; mais par suite de ce mouvement, son bras se trouve placé dans une position tendue et fatigante. Pour arriver au charme et à la grâce, M. Verlet a peu accentué les traits et les a laissés presque fondus. Il eût été peut-être difficile de leur donner de la douceur en les creusant davantage ; mais l'œuvre serait devenue plus magistrale.

Parmi les ouvrages les plus remarquables pour l'énergie et la science qu'ils dénotent, *le Réveil d'Adam*, de M. Daillion, tient assurément la première place. Récompensée par une médaille de première classe et achetée par la Ville de Paris, cette œuvre est une des plus belles qui aient été produites dans ces derniers temps. Elle se ressent de l'inspiration et de la puissance de Michel Ange ; M. Daillion a donné à son Adam une grande noblesse de formes, avec toute la force et l'épanouissement de jeunesse que l'on attribue volontiers au premier type humain. La tête est un peu insignifiante de profil, mais, vue de face, ne manque pas d'accent et de caractère.

Nous préférons de beaucoup ce marbre au groupe

considérable de plâtre exposé par le même sculpteur.

Les trois personnages qui le composent, *Monsieur, Madame et Bébé*, sont avant tout des gens bien portants. Or la santé est le premier des biens, et c'est pour cela sans doute que le groupe de M. Daillion est intitulé : *Bonheur*.

M. Dalou, lui aussi, ne s'est pas contenté d'une statue simple et isolée. Il a construit avec hardiesse une énorme composition en plâtre, *le Triomphe de Silène*, où il y a beaucoup à louer et peu de chose à reprendre. L'œuvre forme un bel ensemble, hardi de mouvement, d'une exubérance fougueuse et endiablée. Élève de Carpeaux, mais moins nerveux que son maître, M. Dalou, sculpteur, affectionne surtout cette surabondance de formes particulière au peintre flamand Jordaëns.

Le ciseau de M. Pallez reproduit d'une façon agréable l'aventure de *Suzanne et les Vieillards*, qui tente si fréquemment le pinceau des peintres. Mais pourquoi l'artiste a-t-il placé sa belle juive dans une sorte de chaire sculptée suivant le goût vénitien de la Renaissance ? — L'indécision des vieillards est bien rendue, mais la belle Suzanne ne paraît pas suffisamment émue.

M. Pallez expose encore un superbe marbre précieusement fini, *la Vérité*. La tête, fort belle, mais d'une expression innocente et enfantine, nuit un peu à l'effet de cette œuvre remarquable.

La Chanson, de M. Paris, est une jolie personne, bien vivante, d'une allure sincère; mais le Temps, arrêté près d'elle, s'est trop prodigué à lui-même les irréparables outrages qu'il inflige aux hommes et aux choses.

M. Croisy expose le groupe qui formera le soubassement du monument à élever au général Chanzy et à la deuxième armée de la Loire. Dans cette œuvre considérable, le talent de M. Croisy s'est révélé d'une façon

supérieure. Il était impossible de mieux rendre la rési-
gnation, le courage et l'ardent patriotisme qui animèrent
jusqu'au bout les héros de la défense nationale. Nulle
composition d'un caractère plus vrai et plus émouvant
ne pouvait accompagner la statue du glorieux comman-
dant en chef de l'armée de la Loire.

Avant de terminer, énumérons encore, parmi les œu-
vres remarquables, *l'Architecture*, de M. Thomas, belle
et sévère de lignes ; le *Molière mourant*, de M. Allouard ;
l'Enfant prodigue et le *Lully enfant*, de M. Gaudez ; *le
Pâtre courant au Loup*, de M. Hiolin ; *la Jeunesse*, de
M. Antonin-Carlès ; la noble et gracieuse *Circé*, de
M. Gustave Michel ; la *Galatée*, de M. Marqueste ; *Une
Abandonnée*, de M. Bastet ; le *Giotto*, de M. Guglielmo ; *le
Premier Bain*, par M. Gaston Leroux ; *le Chasseur d'our-
sons*, de M. Frémiet ; *le Monument de Gustave Jundt*, par
Bartholdi ; l'*Albert Durer enfant*, de M. Beer ; le *Voltaire*,
spirituel et grand seigneur, de M. Lambert ; *le Sommeil*,
de M. Escoula, et l'excellent *Panurge*, de M. André.

Citons quelques bustes expressifs et ressemblants, par
MM. de Saint-Vidal, Talrick, Barrias et Mathieu Meusnier ;
et enfin quelques jolies statuettes, un ravissant *Trouvère*
de M. Ferville Suan ; une *Andromède*, et *la Peinture*, par
M. Moreau-Vauthier ; *le Fil rompu*, de M. Rougelet, et
la Jeunesse captivant l'Amour, par M. Marcellin.